Alexandra Wiener

Immobilienkauf –
Was man wirklich von der Steuer absetzen kann

Ein nützlicher Ratgeber aus der Beraterpraxis

Alexandra Wiener

Immobilienkauf –
Was man wirklich von der
Steuer absetzen kann

Ein nützlicher Ratgeber aus der Beraterpraxis

Bibliografische Information der Deutschen Nationalbibliothek:
Die Deutsche Nationalbibliothek verzeichnet diese Publikation in der Deutschen Nationalbibliografie; detaillierte bibliografische Daten sind im Internet über dnb.dnb.de abrufbar.

© 2017 Alexandra Wiener

Herstellung und Verlag: BoD – Books on Demand, Norderstedt

ISBN: 9783743162402

Inhaltsverzeichnis

Vorbemerkung 9

Einleitung 11

Kapitel 1: Anschaffungskosten bei Eigennutzung 14

Kapitel 2: Umzugskosten bei Eigennutzung 19

Kapitel 3: Handwerkerleistungen bei Eigennutzung 28

Kapitel 4: ABC der haushaltsnahen Aufwendungen 33

Kapitel 5: Anschaffungskosten bei Vermietung 39

Kapitel 6: Vermietung an nahe Angehörige 45

Kapitel 7: Vorübergehender Leerstand 50

Kapitel 8: Handwerkerleistungen bei Vermietung 57

Kapitel 9: Größere Renovierungen bei Vermietung 61

Kapitel 10: Vermietung von Ferienwohnungen 67

Kapitel 11: ABC der Werbungskosten bei Vermietung 78

Kapitel 12: Neue Fördermöglichkeiten für Vermieter 86

Vorbemerkung

Es gibt kaum Bücher zum Thema Steuerrecht, die so verständlich geschrieben sind, dass der Durchschnittsbürger diese auch versteht. Die wenigen Bücher, die es gibt, beinhalten meist nur theoretische Grundlagen und sind daher hauptsächlich für Personen geeignet, die eine Aus- oder Weiterbildung im Bereich Steuerrecht machen. Zwar bietet das Internet inzwischen vielfältige Recherchemöglichkeiten, allerdings muss man auch hier ein Experte sein um erkennen zu können, welche Quellen seriös und zuverlässig sind. Viele sehen daher den Wald vor lauter Bäumen nicht mehr. Für Personen, die nicht vom Fach sind, bleibt daher meist nur der kostspielige Weg zum Steuerberater.

Während meiner inzwischen zehnjährigen Beratungspraxis als Steuerberaterin werde ich immer wieder damit konfrontiert, welche Unsicherheit und welche Irrtümer allgemein bei steuerrechtlichen Themen herrschen. Dabei geht es in der Regel weniger um komplexe Fragen, für die man eines der zahlreichen Fachbücher durcharbeiten müsste. Es sind oft ganz einfache, alltägliche Fragestellungen, auf die die allgemeine Fachliteratur keine Antworten bietet. Daher war es mein Wunsch, ein Buch zu schreiben, bei dem häufig auftretende, typische Fragen aus der Beratungspraxis in Form eines Ratgebers zusammengefasst und möglichst praxisnah erläutert werden.

Als Thema für mein Buch habe ich zunächst den Bereich „Immobilienkauf" ausgewählt, weil hier grundsätzlich ein großer Beratungsbedarf besteht. So höre ich bei Terminanfragen sehr häufig den Satz: „Ich habe letztes Jahr eine Wohnung gekauft. Da wird bei der Steuererklärung vermutlich einiges zu beachten sein."

Andere Mandanten haben umfangreiche Renovierungsarbeiten an ihrer Immobilie vorgenommen. Diese Mandanten kommen mit der Erwartung, möglichst viel dieser Ausgaben steuerlich absetzen zu können. Oft gibt es dann ein böses Erwachen, wenn man dem Mandanten erklären muss, dass ein erheblicher Teil der getätigten Ausgaben steuerlich gar nicht oder nicht in dem erwarteten Umfang berücksichtigt werden können.

So haben sich im Laufe der Zeit immer mehr Steuerrechtsirrtümer herausgebildet, die zu entsprechend hohem Beratungsbedarf führen. Oftmals kann der Steuerberater im Nachhinein nicht mehr viel für den Mandanten tun, wenn bestimmte Punkte im Vorwege nicht beachtet wurden.

Dieses Buch soll auf eine verständliche und unterhaltsame Weise bestehende Steuerrechtsirrtümer aufklären. Dabei werden anhand von einfachen Beispielen typische Situationen aus der Beratungspraxis beschrieben, in denen sich der eine oder andere vielleicht wiedererkennen wird.

Einleitung

Sie haben gerade eine Immobilie gekauft oder stehen kurz davor? Wenn Sie beabsichtigen, in naher Zukunft ein Haus oder eine Eigentumswohnung zu erwerben, dann stellen Sie sich vermutlich die Frage, welche steuerlichen Auswirkungen sich hierdurch möglicherweise ergeben und wie man die Anschaffung aus steuerlicher Sicht so gut wie möglich gestalten kann.

Wenn Sie gerade eine Immobilie erworben haben, dann haben Sie bereits hohe Ausgaben getätigt, von denen Sie hoffen, dass Sie diese vollständig oder zumindest teilweise steuerlich geltend machen können. Vielleicht stehen Sie bereits kurz vor der Abgabe Ihrer Steuererklärung und möchten nun wissen, welche Ausgaben Sie von der Steuer absetzen können.

Dieses Buch soll Ihnen einen Überblick darüber geben, welche Kosten im Zusammenhang mit dem Immobilienerwerb steuerlich absetzbar sind. Hierbei wird insbesondere darauf eingegangen, welche Auswirkungen sich im Fall einer Vermietung sowie im Fall der Eigennutzung jeweils ergeben. Denn in welchem Umfang Ausgaben im Zusammenhang mit einem Immobilienkauf steuerlich berücksichtigt werden können, hängt maßgeblich davon ab, ob die Immobilie selbst genutzt oder vermietet werden soll. Gesetzliche Grundlagen werden dabei anhand von kurzen Beispielen aus der Praxis leicht und verständlich dargestellt.

Kapitel 1: Anschaffungskosten bei Eigennutzung

Wer schon einmal eine Immobilie gekauft hat, der weiß, dass neben dem eigentlichen Kaufpreis noch zahlreiche weitere Ausgaben mit dem Erwerb verbunden sind. Ausgaben, die zwangsläufig getätigt werden müssen, ohne dass sie den Wert der Immobilie erhöhen und gerade deshalb besonders wehtun. Verständlich, dass man da den Wunsch verspürt, diese Kosten oder zumindest einen Teil davon irgendwie steuerlich geltend machen zu können. Wie so ein Kaufprozess typischerweise abläuft, soll vereinfacht an dem nachfolgenden Fall gezeigt werden:

Das Ehepaar Ratlos steht kurz vor dem Kauf ihrer Eigentumswohnung. Das alles ist für sie wahnsinnig kompliziert. Sie vertrauen daher darauf, dass der Notar alle wesentlichen Punkte im notariellen Kaufvertrag festgehalten hat.

Auszug aus dem notariellen Kaufvertrag:

…

„Die Erschienenen erklärten zu meinem Protokoll den folgenden Grundstückskaufvertrag:

…

§ 3 Kaufpreis

Der Kaufpreis beträgt EURO 250.000,00 (in Worten: EURO zweihundertfünfzigtausend).

Der gesamte Kaufpreis in Höhe von EURO 250.000,00 wird bis zum 28. Februar 2014 zur Hinterlegung auf einem neu einzurichtenden Notaranderkonto der vertretenden Notarin bei der XY Bank eingehend fällig ... Die Kosten des Notaranderkontos trägt der Käufer ...

§ 10 Kosten und Abgaben

Die Kosten dieser Urkunde und ihrer Durchführung sowie die Grunderwerbsteuer trägt der Käufer ...

Der vorstehende Vertrag ist durch die Vermittlung der Maklerfirma Immobilienhaie und Partner, Immobilien GbR, Schlossallee 99 in 80539 München zustande gekommen. Die Maklercourtage in Höhe von 6,25% des Kaufpreises zuzüglich gesetzlicher Mehrwertsteuer trägt der Käufer allein. Die Courtage ist mit Beurkundung dieses Vertrags verdient und fällig ..."

Wenige Wochen später sitzt das Ehepaar Ratlos inmitten von Verträgen und Rechnungen. Am Vormittag war Frau Ratlos bei der Bank gewesen, um die Überweisung der fälligen Grunderwerbsteuer in Höhe von 11.250,00 EUR zu veranlassen. Damit sind nahezu alle finanziellen Reserven ausgeschöpft. Plötzlich wird den Eheleuten klar, dass mit dem Wohnungskauf doch viel mehr Kosten verbunden sind als bisher angenommen. Gerade die Grunderwerbsteuer tut dem Ehepaar besonders weh. Doch Herr Ratlos meint sich daran zu erinnern, dass man die Grunderwerbsteuer von der Steuer absetzen könne. Ein Arbeitskollege habe ihm diesen Tipp gegeben. Die Abgabe der Steuererklärung sei ohnehin bald fällig. Die Eheleute beschließen, am nächsten Tag ihre Steuerberaterin anzurufen. Diese ist zwar immer über Wochen im Voraus ausgebucht, aber die Eheleute wollen nun schnellstmöglich Klarheit über die steuerliche Behandlung ihrer Ausgaben haben. Möglicherweise kann man einen Teil der Ausgaben über die Steuererklärung zurückholen.

Zwei Monate später sitzt das Ehepaar Ratlos in der Kanzlei der Steuerberaterin Danni Durchblick. Das Ehepaar Ratlos hofft nun, eine positive Aussage im Hinblick auf die steuerliche Absetzbarkeit ihrer Ausgaben zu bekommen. Doch die Antwort der Steuerberaterin ist ernüchternd: „Sofern die Wohnung nicht vermietet sondern zu eigenen Wohnzwecken genutzt wird, sind weder die Grunderwerbsteuer noch die Kosten für den Notar sowie die Maklercourtage steuerlich absetzbar. Etwas anderes gilt nur, wenn die Wohnung vermietet wird und aus der Vermietung Einkünfte erzielt werden."

„Heißt das, dass wir diese ganzen Ausgaben nur dann von der Steuer absetzen können, wenn wir vermieten würden?" Den Eheleuten Ratlos steht die Enttäuschung ins Gesicht geschrieben. „Aber was ist mit den Darlehenszinsen? Wir haben einen Kredit über 180.000,- EUR aufgenommen und unser Bankberater hat gesagt, dass so eine Finanzierung auch steuerliche Auswirkungen haben kann. Er sagte uns, dass wir uns in der Hinsicht einmal steuerlich beraten lassen sollten." Die Steuerberaterin schüttelt mit dem Kopf: „Mit den Zinsen verhält es sich genauso. Zinsen könnten nur dann als Werbungskosten berücksichtigt werden, wenn Sie Vermietungseinkünfte erzielen würden. Im Fall der Eigennutzung sind die gezahlten Darlehenszinsen steuerlich nicht absetzbar." „Und was ist mit der Grundsteuer?", möchte Rudi Ratlos schließlich noch wissen. „Die müssen wir sogar jedes Quartal zahlen." „Für die Grundsteuer gilt leider auch nichts anderes. Diese können Sie ebenfalls nur als Vermieter steuerlich geltend machen", erklärt die Steuerberaterin.

Fazit:

Beim Kauf einer Immobilie, die nicht für Vermietungszwecke sondern zur eigenen Nutzung erworben wird, sind die mit der Anschaffung zusammenhängenden Kosten für Makler, Notar, Darlehenszinsen sowie die Grunderwerbsteuer nicht steuerlich absetzbar. Etwas anderes gilt nur, wenn die Immobilie vermietet wird und hieraus Einkünfte erzielt werden. Es empfiehlt sich daher, sich rechtzeitig vor dem Kauf einen Überblick zu verschaffen über die tatsächliche finanzielle Belastung durch einen Immobilienkauf, zu der nicht nur der Anschaffungspreis der Immobile zählt, sondern insbesondere auch die mit der Anschaffung verbundenen Folgekosten.

Kapitel 2: Umzugskosten bei Eigennutzung

Fast vier Monate später können die Eheleute Ratlos in ihre neue Wohnung einziehen. Da sich im Laufe der Jahre einiges im Haushalt angesammelt hat und mit Unterstützung aus dem Freundeskreis nicht mehr so wie früher zu rechnen ist, haben die Eheleute Ratlos entschieden, eine Umzugsspedition zu beauftragen. Nachdem sie verschiedene Angebote eingeholt haben, haben sie sich schließlich für die günstigste entschieden. Was soll schon schief gehen?

Außerdem hat Rita Ratlos neulich beim Yoga-Kurs gehört, dass man Umzugskosten von der Steuer absetzen kann. Die Yoga-Lehrerin hat erzählt, dass es für Verheiratete sogar einen doppelten Freibetrag gebe. Somit hätten sie quasi doppelt gespart: zum einen mit der günstigsten Spedition und zum anderen durch die Steuerersparnis.

In dem Glauben, diesmal auf der richtigen Seite zu sein, fährt Rudi Ratlos früh morgens noch schnell zum Baumarkt, um Farbe für die neue Wohnung zu kaufen. Rita hat schon immer davon geträumt, die Küchenwände grün zu streichen. Dafür konnte Rudi sich beim Fußbodenbelag durchsetzen. Anstelle des teuren Eiche-Parkettbodens wird die neue Wohnung mit dem wesentlich günstigeren Nussbaumlaminat ausgelegt werden. Um das Laminat und die Farbtöpfe transportieren zu können, hat Rudi Ratlos schnell noch einen Transporter für einen Tag gemietet. Wenn schon, denn schon … Als Rudi bei der alten Wohnung ankommt, ist der Umzug bereits in vollem Gange. Die Eheleute Ratlos sind begeistert. Allerdings werden durch das Abbauen der alten Schränke einige Flecken an den Wänden sichtbar, die dem Ehepaar Ratlos so bisher nicht aufgefallen waren. Sicher würde der Vermieter bei der Wohnungsübergabe deshalb noch Forderungen stellen.

Schließlich geht das Einräumen der neuen Wohnung noch schneller als erwartet, sodass die Eheleute Ratlos bereits am frühen Nachmittag zwischen Bergen von Umzugskartons sitzen. Erleichtert stellen sie fest, dass sie die Wahl ihrer Umzugsspedition trotz des günstigen Preises nicht bereuen mussten. Alles verlief reibungslos und am Ende haben sie auch nur die tatsächlich vereinbarte Pauschale von 1.200,- EUR bezahlen müssen. Sie haben sogar extra darauf geachtet, dass Sie über den gezahlten Betrag auch eine Quittung erhalten, damit sie die Kosten später in der Steuererklärung angeben können.

Ungefähr ein halbes Jahr später haben sich die Eheleute Ratlos bereits in ihrer neuen Wohnung eingelebt. Inzwischen sind alle Kartons ausgepackt, die alte Wohnung an den Vermieter übergeben, und auch das Laminat wurde fachmännisch von Rudis Arbeitskollegen verlegt. Durch den Umzug in die neue Wohnung hat sich der Arbeitsweg für Rudi um fast 20 Minuten verkürzt, weswegen er jetzt abends immer ein bisschen früher zu Hause sein kann.

Nur zwei Straßen weiter hatte vor kurzem eine neue Beratungsstelle des Lohnsteuerhilfevereins Steuerhilfe e.V. geöffnet. Zwar hat die Abgabe der nächsten Steuererklärung noch etwas Zeit, aber da die Eheleute Ratlos ja inzwischen Mitglied im Verein sind, wollen Sie sich schon mal ausrechnen lassen, mit was für einer Steuererstattung sie ungefähr für das Jahr des Umzugs rechnen können. Schließlich haben Rudi und Rita Ratlos schon viele Jahre keine Reise mehr gemacht. Und nach all den Strapazen mit der neuen Wohnung könnte ein wenig Erholung wirklich nicht schaden. Da käme eine Steuererstattung vom Finanzamt gerade recht …

Mit einer großen Reisetasche voller Belege unterm Arm betreten die Eheleute Ratlos in der Woche darauf die neue Beratungsstelle des Lohnsteuerhilfevereins. Die Beratungsstellenleiterin hatte am Telefon bereits von der privaten Situation der Eheleute gehört und wundert sich darüber, dass die beiden so viele Belege dabei haben. Da sie aber nicht mit der Tür ins Haus fallen will, beginnt sie erst einmal damit, nach der familiären und der beruflichen Situation zu fragen. Rudi Ratlos erzählt der Beratungsstellenleiterin, dass er im Innendienst einer Produktionsfirma tätig ist und dass sich durch den Umzug in die neue Wohnung der tägliche Weg zur Arbeit glücklicherweise erheblich verkürzt habe. Zwar könne er dadurch weniger Kilometer in der Steuererklärung geltend machen, allerdings hätten sie durch den Umzug so hohe Ausgaben gehabt, dass sie mit einer hohen Erstattung rechnen würden.

„Ja, das müssten wir uns einmal anschauen", beginnt die Beratungsstellenleiterin. „Grundsätzlich sind Umzugskosten nur dann steuerlich absetzbar, wenn der Umzug beruflich veranlasst ist. Durch die Verkürzung des täglichen Arbeitswegs ist eine berufliche Veranlassung hier aber nicht gegeben. Eine berufliche Veranlassung setzt voraus, dass durch den Wohnungswechsel eine erhebliche Verkürzung der Entfernung zwischen Wohnung und Arbeitsstätte eintritt. Nach ständiger BFH-Rechtsprechung liegt eine erhebliche Fahrzeitverkürzung dann vor, wenn es zu einer mindestens einstündigen Verringerung der Dauer von Hin- und Rückfahrt insgesamt kommt."

„Heißt das etwa, dass all unsere Ausgaben jetzt unberücksichtigt bleiben?", fragt Rudi Ratlos mit sorgenvoller Stimme. „Das kommt darauf an" antwortet die Beratungsstellenleiterin. „Wenn Sie für den Umzug eine Umzugsspedition beauftragt hatten, dann könnten Sie die Kosten der Spedition als haushaltsnahe Dienstleistungen angeben." Die Miene der Eheleute Ratlos hellt sich wieder auf, als sie das hören. „Das haben wir getan. Dann können wir die Kosten ja doch berücksichtigen. Wir haben uns extra eine Quittung über unsere Zahlung geben lassen." Erleichtert holt Rita Ratlos die Belege der Spedition aus der Tasche. Nachdem die Beratungsstellenleiterin diese kritisch begutachtet hat, antwortet sie: „Ich muss Sie leider enttäuschen. Das hier ist zwar ein Beleg, aber keine Rechnung mit Umsatzsteuerausweis. Außerdem haben Sie die Spedition in bar bezahlt. Damit Sie Handwerker- oder sonstige haushaltsnahe Dienstleistungen steuerlich absetzen können, müssen diese beiden Voraussetzungen aber erfüllt sein: das Vorliegen einer ordnungsgemäßen Rechnung mit Umsatzsteuerausweis und die Bezahlung dieser Rechnung mittels Banküberweisung. Können Sie dieses nicht nachweisen, sind die Ausgaben steuerlich nicht absetzbar." „Und wie viel haben wir jetzt dadurch verloren?", möchte Rudi Ratlos wissen. Die Beratungsstellenleiterin erklärt: „Die Kosten für eine Umzugsspedition können im Rahmen der haushaltsnahen Dienstleistungen berücksichtigt werden. Sofern die eben genannten Voraussetzungen erfüllt sind, können 20% der Kosten, jedoch maximal 4.000,– EUR von der Steuer abgesetzt werden. In Ihrem Fall hätte die Steuerersparnis somit 20% von 1.200,– EUR = 240,– EUR betragen." Die Eheleute Ratlos sind enttäuscht. Zwar könnten Sie versuchen, im Nachhinein noch eine Rechnung von der Umzugsspedition zu bekommen. Allerdings können Sie dann noch nicht belegen, dass die Rechnung mittels Überweisung gezahlt wurde. Die Eheleute beschließen, sich in Zukunft bei solchen Projekten bereits im Vorfeld zu informieren.

Fazit:
Umzugskosten sind steuerlich immer dann begünstigt, wenn der Umzug beruflich veranlasst ist. Sofern der Umzug nicht beruflich veranlasst ist, können Kosten des Umzug im Rahmen der haushaltsnahen Dienstleistungen absetzbar sein, sofern der Umzug mit Hilfe einer Umzugsspedition durchgeführt wurde,

hierüber eine ordnungsgemäße Rechnung vorliegt und die Rechnung per Überweisung bezahlt wurde.

Hinweis:

In den folgenden Fällen kann davon ausgegangen werden, dass ein Umzug beruflich veranlasst ist:

- Erstmaliger Dienstantritt,
- Wechsel des Arbeitgebers,
- Bezug oder Aufgabe der Zweitwohnung bei doppelter Haushaltsführung,
- wesentliche Verbesserung der Arbeitsbedingungen,
- wenn durch den Wohnungswechsel eine erhebliche Verkürzung der Entfernung zwischen Wohnung und Arbeitsstätte eintritt. Nach ständiger BFH-Rechtsprechung liegt eine erhebliche Fahrzeitverkürzung dann vor, wenn es zu einer mindestens einstündigen Verringerung der Dauer von Hin- und Rückfahrt insgesamt kommt.

Sofern eine dieser Voraussetzungen erfüllt ist, können die Umzugskosten als Werbungskosten im Rahmen der Einkünfte aus nichtselbständiger Arbeit berücksichtigt werden. In allen anderen Fällen kommt allenfalls unter den eben genannten Voraussetzungen ein Ansatz im Rahmen der haushaltsnahen Dienstleistungen in Betracht.

Kapitel 3: Handwerkerleistungen bei Eigennutzung

Dass man Handwerkerleistungen von der Steuer absetzen kann, ist inzwischen kein Geheimnis mehr. Doch was genau bedeutet das? Sind grundsätzlich alle Handwerkerleistungen steuerlich begünstigt? Können die Ausgaben in unbegrenzter Höhe berücksichtigt werden? Oder gibt es hierbei vielleicht auch ein paar Dinge zu beachten?

Dass es auch hier ein paar Dinge zu berücksichtigen gilt, zeigt erneut das Beispiel der Eheleute Ratlos:

„Und was ist mit dem Laminat und der Wandfarbe?", entgegnet Rudi Ratlos. „Um Kosten zu sparen, haben wir die Renovierungsarbeiten selber durchgeführt. Kann man da etwa auch nichts machen?"

„Leider nicht", antwortet die Beratungsstellenleiterin. „Handwerkerleistungen können im Rahmen der haushaltsnahen Dienstleistungen in Höhe von 20%, jedoch maximal bis zu 1.200,– EUR geltend gemacht werden. Begünstigt sind jedoch nur Lohn-, Fahrt- und Maschinenkosten. Die verwendeten Materialien sind steuerlich nicht begünstigt. Sofern Sie selber etwas im Baumarkt gekauft haben, um damit Ihre Wohnung zu renovieren, können Sie die Ausgaben nicht von der Steuer absetzen. Das gilt jedenfalls dann, wenn Sie die zu renovierende Immobilie selbst bewohnen. Als Vermieter können Sie das."

Doch wie können nun Handwerkerleistungen in der Steuererklärung berücksichtigt werden?

Beispiel 1:
Die Kosten für den Einbau einer neuen Heizungsanlage belaufen sich auf insgesamt 8.000,– EUR brutto. Der Anteil an geleisteten Arbeitsstunden beträgt 5.000,– EUR brutto. Die Steuerersparnis aus der Handwerkerrechnung beläuft sich auf 1.000,– EUR (20% von 5.000,– EUR).

Beispiel 2:
Die Kosten für den Einbau einer neuen Heizungsanlage belaufen sich auf insgesamt 12.000,– EUR brutto. Der Anteil an geleisteten Arbeitsstunden beträgt 8.000,– EUR brutto. Die Steuerersparnis aus der Handwerkerrechnung beläuft sich in dem

Fall auf maximal 1.200,– EUR (20% von 8.000,– EUR = 1.600,– EUR, davon aber maximal 1.200,– EUR).

Steuerersparnis bedeutet, dass im Fall von Beispiel 1 die Steuererstattung um 1.000,– EUR höher ausfällt bzw. eine Steuernachzahlung um 1.000,– EUR niedriger. Im Fall von Beispiel 2 fällt die Steuererstattung um 1.200,– EUR höher aus bzw. die Steuernachzahlung verringert sich um 1.200,– EUR.

Hinweis:
Da im Rahmen der haushaltsnahen Dienstleistungen nur die reinen Lohnkosten steuerlich absetzbar sind, sollte man unbedingt darauf achten, dass in der Rechnung der Anteil der Lohnkosten gesondert ausgewiesen ist.

Die Eheleute Ratlos sind verunsichert. Im Kegelclub von Rudi hat neulich jemand von seinem Hausbau berichtet. Bevor dessen Haus bezugsfertig gewesen ist, waren kostspielige Handwerkerleistungen notwendig. So mussten zunächst die Elektroleitungen verlegt werden, die Gasheizung musste eingebaut werden und schließlich war auch die Gestaltung der Gartenanlage sehr zeitaufwendig.

Mit diesen Zweifeln gehen die Eheleute Ratlos am Nachmittag erneut in ihre Beratungsstelle. Sie planen für das kommende Jahr eine aufwendige Reparatur des Heizkessels und möchten daher wissen, ob sie die Kosten wirklich von der Steuer absetzen können, wo doch bei ihrem Bekannten aus dem Kegelclub die gesamten Handwerkerkosten vom Finanzamt nicht anerkannt wurden. Doch die Beratungsstellenleiterin kann die beiden beruhigen. „Sie sagen, dass Ihr Bekannter das Haus selbst gebaut hat? Anders als in Ihrem Fall handelt es sich im Fall Ihres Bekannten um einen Neubau, der hinsichtlich der steuerlichen Anerkennung von Handwerkerleistungen anders zu beurteilen ist. Steuerlich begünstigt sind nur Bauarbeiten an einer bereits bestehenden Immobilie. Der Haushalt muss also schon vorhanden sein. Handwerkliche Tätigkeiten im Rahmen einer Neubaumaßnahme sind steuerlich nicht begünstigt. Als Neubaumaßnahmen gelten alle Maßnahmen, die im Zusammenhang mit der Errichtung eines Haushalts bis zu dessen Fertigstellung anfallen. Die geplante Reparatur Ihres Heizkessels ist somit steuerlich begünstigt, da es sich bei Ihrer Wohnung nicht um einen Neubau handelt.

Zusammenfassung:

Für die steuerliche Anerkennung von Handwerkerleistungen ist grundsätzlich Voraussetzung, dass diese in einem bereits bestehenden Haushalt des Steuerpflichtigen erbracht werden. Arbeiten an einem Neubau werden steuerlich nicht begünstigt.

Grundsätzlich sind Handwerkerleistungen steuerlich begünstigt, auch wenn diese nicht in dem vermieteten sondern in dem selbst bewohnten Haushalt des Steuerpflichtigen erbracht werden. Allerdings kann nur der im Rechnungsbetrag enthaltene Lohnkostenanteil zuzüglich der Anfahrtspauschale steuerlich abgesetzt werden.

Kapitel 4: ABC der haushaltsnahen Aufwendungen

Um in Zukunft besser Bescheid zu wissen, bitten die Eheleute Ratlos die Beratungsstellenleiterin um eine Übersicht, die ihnen zeigen soll, welche Ausgaben sie denn überhaupt im Zusammenhang mit der von ihnen gekauften Immobilie absetzen können:

Austausch/Modernisierung von Bodenbelägen
Begünstigt sind die Arbeitskosten einschließlich der in Rechnung gestellten Fahrtkosten. Materialkosten oder sonstige gelieferte Waren bleiben mit Ausnahme von Verbrauchsmitteln unberücksichtigt.

Austausch/Modernisierung von Fenstern/Türen
Siehe Austausch/Modernisierung von Bodenbelägen

Dachgeschossausbau
Die Arbeitskosten sind absetzbar, sofern es sich nicht um Arbeiten im Rahmen einer Neubaumaßnahme handelt.

Dachrinnenreinigung

Die Arbeitskosten sind begünstigt.

Errichtung eines Carports

ist inzwischen auch steuerlich begünstigt. Voraussetzung ist jedoch, dass es sich um eine Erweiterungsmaßnahme und nicht um eine Neubaumaßnahme handelt.

Elektroanlagen (Wartung)

Siehe Austausch/Modernisierung von Bodenbelägen.

Entsorgungsleistungen

sind steuerlich begünstigt, sofern es sich lediglich um eine Nebenleistung handelt. Beispiel: Das Badezimmer wird neu gefliest. Der Abtransport der alten Fliesen durch den Handwerker ist steuerlich begünstigt. Dagegen ist die eigenständige Beauftragung einer Entrümpelungsfirma nicht begünstigt.

Fahrstuhlwartung

Die Arbeitskosten sind begünstigt.

Fensterreinigung

Die Arbeitskosten sind begünstigt.

Fußbodenheizung

Kosten der Wartung, Spülung, Reparatur und des nachträglichen Einbaus sind begünstigt, Materialkosten sind nicht begünstigt.

Gärtner/Gartengestaltung

Kosten für die laufende Gartenpflege sind hierbei abzugrenzen von den Kosten für die Gartengestaltung. Während die anteiligen Lohnkosten der laufenden Gartenpflege steuerlich begünstigt sind, ist bei der Gartengestaltung zu differenzieren: Kosten der erstmaligen Anlage eines Gartens im Rahmen einer Neubaumaßnahme sind nicht begünstigt.

Gutachtertätigkeiten

sind nur in bestimmten Fällen steuerlich begünstigt. Die Prüfung der ordnungsgemäßen Funktion einer Anlage, ist ebenso eine Handwerkerleistung wie die Beseitigung eines bereits eingetretenen Schadens oder Maßnahmen zur vorbeugenden Schadensabwehr. Das gilt auch dann, wenn der Handwerker über den ordnungsgemäßen Istzustand eines Gewerkes eine Bescheinigung „für amtliche Zwecke" erstellt. Es ist nicht erforderlich, dass eine etwaige Reparaturmaßnahme zeitlich unmittelbar nachfolgt. Sie kann auch durch einen anderen Handwerksbetrieb durchgeführt werden (BFH-Urteil vom 6. November 2014, BStBl 2015 II S. 481). Kosten für reine Mess- und Überprüfungsarbeiten (z.B. Legionellenprüfung) sind nicht begünstigt.

Hausmeister

Die Lohnkosten sind begünstigt.

Hausreinigung

Die Lohnkosten sind begünstigt.

Heizung

Kosten der Wartung, Reparatur und des nachträglichen Einbaus sind begünstigt, Materialkosten sind nicht begünstigt.

Montage einer neuen Küche

Die Montageleistung ist steuerlich begünstigt, die Anschaffungskosten der Küche selbst können nicht abgesetzt werden.

Schädlingsbekämpfung

Die Lohnkosten sind begünstigt.

Schornsteinfeger

Die Lohnkosten sind begünstigt.

Wartung Rauchwarnmelder

Die Lohnkosten sind begünstigt.

Winterdienst

Die Lohnkosten sind begünstigt.

Kapitel 5: Anschaffungskosten bei Vermietung

Im Unterschied zur Eigennutzung kann man als Vermieter die Anschaffungskosten für eine Immobilie steuerlich geltend machen. Dies geschieht im Wege jährlicher Abschreibungen. Wie das konkret funktioniert, soll nochmals am Beispiel des Kauvertrags aus Kapitel 1 erläutert werden:

Susi Sorglos hat im selben Haus wie die Eheleute Ratlos eine Wohnung zu den gleichen Konditionen erworben. Da Susi Sorglos die Wohnung aber nicht selbst bewohnen sondern vermieten möchte, kann Sie den Kaufpreis über die jährlichen Abschreibungen als Werbungskosten im Rahmen der Vermietungseinkünfte geltend machen. Zu den Anschaffungskosten gehören neben dem Kaufpreis auch sogenannte Anschaffungsnebenkosten (Grunderwerbsteuer, Notar, etc.).

In unserem Zahlenbeispiel heißt das:

Kaufpreis: 250.000,– EUR
Grunderwerbsteuer: 11.250,– EUR
Notargebühren: 5.000,– EUR
Makler: 18.594,– EUR
Grundbucheintragung: 1.000,– EUR

Abschreibungs-Bemessungsgrundlage = 285.844,– EUR

Der Abschreibungssatz ist vom Zeitpunkt der Fertigstellung des Objektes abhängig und beträgt:

-2,0 % bei Fertigstellung nach dem 31.12.1924
-2,5 % bei Fertigstellung vor dem 01.01.1925

Es ist eine Besonderheit bei der Ermittlung der Bemessungsgrundlage, dass in der Regel ein einheitlicher Kaufpreis für Gebäude sowie Grund und Boden lt. Kaufvertrag vereinbart wurde, welcher allerdings aufgeteilt werden muss. Die Aufteilung zwischen Gebäude sowie Grund und Boden muss erfolgen, da der Grund und Boden nicht abgeschrieben werden darf. Aus

Vereinfachungsgründen kann eine pauschale Aufteilung der Anschaffungskosten der Immobilie im Verhältnis 20/80 erfolgen. Das heißt, 20% der Anschaffungskosten entfallen auf den Grund und Boden und 80% auf das Gebäude.

Bezogen auf unser Beispiel bedeutet das:
Anteil Gebäude 80% von 285.844,– = 228.675,– EUR
Darauf 2% = 4.574,– EUR

Ergebnis: Susi Sorglos kann jährlich 4.574,– EUR Abschreibungen als Werbungskosten von den erzielten Mieteinnahmen abziehen und dadurch ihre Vermietungseinkünfte verringern.

Hinweis:
Die Ermittlung des Gebäudeanteils erfolgte hier vereinfacht. Das Finanzamt kann hiervon abweichen und einen niedrigeren Gebäudeanteil festlegen. Die Ermittlung des relevanten Gebäudeanteils sollte im Einzelfall überprüft werden. Das Beispiel zeigt auch, dass bestimmte mit dem Erwerb einer Immobilie zusammenhängende Kosten wie Grunderwerbsteuer, Maklercour-

tage oder Notargebühren im Jahr der Zahlung nicht in voller Höhe steuerlich absetzbar sind sondern nur im Wege der jährlichen Abschreibungen.

Ergänzung:

Im Unterschied zu den Eheleuten Ratlos kann Susanne Sorglos auch Zinsen aus einem Immobilienkredit steuerlich geltend machen.

Nehmen wir an, Susi Sorglos hat zur Finanzierung des Kaufpreises ein Darlehen in Höhe von 250.000,– EUR aufgenommen (den Rest finanziert sie über Eigenkapital). Bei einem angenommenen Zinssatz von 2% kann Susanne Sorglos 5.000,– EUR als weitere Werbungskosten von den Mieteinnahmen absetzen.

Fazit:

Im Unterschied zur Eigennutzung kann man als Vermieter einer Immobilie neben dem Kaufpreis auch die mit dem Erwerb zusammenhängenden Anschaffungsnebenkosten wie Notargebühren, Grunderwerbsteuer, Maklercourtage, etc. steuerlich geltend machen. Hierbei gilt aber, dass diese Ausgaben nicht in voller Höhe im Jahr der Zahlung als Werbungskosten absetzbar sind, sondern nur im Rahmen jährlicher Abschreibungen. Die Aufteilung des Kaufpreises auf Grund und Boden einerseits sowie Gebäude andererseits ist ein häufiger Diskussionspunkt mit dem Finanzamt. Hier sollte man im Zweifel steuerlichen Rat einholen.

Abwandlung:
Susi Sorglos hat die Wohnung nicht gekauft sondern von ihrer Tante geerbt. Die Tante wiederum hat die Wohnung vor 20 Jahren gekauft zum Preis von 100.000. Das Gebäude wurde 1960 gebaut.
Da der Fall nun etwas komplizierter ist, möchte Susi Sorglos auf Nummer sicher gehen und sich steuerlich beraten lassen. Ihr Onkel hat ihr die Steuerberaterin Danni Durchblick empfohlen, die sich auf diesem Gebiet auskennen soll.
Zwei Wochen später hat Susi Sorglos dann auch schon einen Termin bei Danni Durchblick bekommen. Als Susi von ihrem Anliegen erzählt, beginnt die Steuerberaterin auch gleich zu erklären: „In diesem Fall gilt, dass Sie als Erbin ihrer Tante in de-

ren Rechtsstellung tritt (sogenannte „Fußstapfentheorie"). Das heißt, dass Sie die Abschreibungsdauer und die Abschreibungsmethode der Tante fortführen können, da Sie selber ja keine Anschaffungskosten hatten. Zu prüfen wäre zunächst, wie lange die Wohnung abgeschrieben werden müsste. Da die Errichtung des Gebäudes nach dem 31.12.1924 erfolgte, beträgt der Abschreibungszeitraum 50 Jahre (entspricht einem jährlichen Abschreibungssatz von 2%). Da die Tante die Wohnung selbst vor 20 Jahren gekauft hat, ist der Abschreibungszeitraum daher noch nicht beendet. Sie können daher die Wohnung über die restlichen 30 Jahre abschreiben. Maßgeblich hierfür sind dabei allerdings die ursprünglichen Anschaffungskosten der Tante von 100.000,- EUR."

Hinweis:

Grundsätzlich würden auch in dem Fall die Anschaffungsnebenkosten wie Makler, Notar und Grunderwerbsteuer zur AfA-Bemessungsgrundlage gehören. In der Praxis ist es in solchen Fällen allerdings schwierig, nach so langer Zeit noch an die entsprechenden Daten zu kommen.

Kapitel 6: Vermietung an nahe Angehörige

Susi Sorglos hat sich schließlich dazu entschieden, die gekaufte Wohnung nicht an fremde Mieter sondern an ihre eigene Mutter zu vermieten. Susi Sorglos möchte ihre Mutter finanziell unterstützen, indem sie ihr eine günstige Wohngelegenheit bietet.

Auch, wenn sie die Wohnung (70 qm) für monatlich 800,- warm vermieten könnte, will sie die Wohnung ihrer Mutter für nur 630,- EUR überlassen. Sie weiß allerdings auch, dass eine zu geringe Miete bei nahen Angehörigen aus steuerlicher Sicht problematisch sein kann. Daher vereinbart sie vor Abschluss des Mietvertrags erneut einen Termin bei ihrer Steuerberaterin. Sie würde auch gerne wissen, wie das mit der Nutzung steuerlicher Verluste ist. Nach eigener überschlägiger Berechnung würde sie aus der Vermietung nämlich jährlich einen Verlust erzielen, insbesondere wegen der Darlehenszinsen. Sie weiß allerdings nicht, ob die Vereinbarung einer günstigeren Miete für ihre Mutter hierbei ein Problem sein könnte. Auch möchte sie bei der Gelegenheit wissen, wie weit sie mit der Miete runter gehen könnte, damit das Mietverhältnis steuerlich noch anerkannt wird.

Die Steuerberaterin erklärt Susi Sorglos zunächst, dass bei einer Vermietung an nahe Angehörige die vereinbarte Miete mindestens 66% der ortsüblichen Miete betragen darf, damit die Werbungskosten in voller Höhe absetzbar sind. Würde die Miete weniger als 66% der ortsüblichen Miete betragen, wären die Werbungskosten nur noch anteilig abzugsfähig. „Im zu beurteilenden Fall beträgt die ortsübliche Warmmiete 11,43 EUR pro qm. Die vereinbarte Warmmiete von 9,– EUR pro qm beträgt 78,74% der ortsüblichen Miete. Somit können alle Werbungskosten zu 100% berücksichtigt werden. Würde die vereinbarte Miete nur 5,72 EUR pro qm und damit 50% der ortsüblichen Miete betragen, dann könnten die Werbungskosten auch nur zu 50% von den Mieteinnahmen abgezogen werden. Dadurch würde ein wesentlicher steuerlicher Vorteil verloren gehen."

Susi Sorglos fragt daraufhin ihre Steuerberaterin, ob sie mit der Miete noch weiter runter gehen könnte. Sie möchte ihre Mutter so weit wie möglich unterstützen. Allerdings möchte sie auch nicht, dass ihr Vermietungsverlust nachher vom Finanzamt nicht anerkannt wird.

Doch auch hier kann sie ihre Steuerberaterin beruhigen. „Damit Vermietungsverluste steuerlich anerkannt werden, muss eine Einkünfteerzielungsabsicht bestehen. Seit 2012 ist es hierfür entscheidend, dass die vereinbarte Miete mindestens 66% der ortsüblichen Miete beträgt. Dann ist von einer Einkünfteerzielungsabsicht auszugehen. Im Ergebnis werden Verluste aus der Vermietung steuerlich anerkannt. Und sämtliche mit der Vermietung zusammenhängende Ausgaben können zu 100% als Werbungskosten von den Mieteinnahmen abgezogen werden. Bis einschließlich 2011 war die Rechtslage noch anders. Sofern die vereinbarte Miete zwischen 56% und 75% der ortsüblichen Miete betrug, war die Einkünfteerzielungsabsicht anhand einer Totalüberschussprognose zu prüfen. Nur, wenn danach insgesamt über die gesamte Dauer der Vermietung mit einem Überschuss zu rechnen war, sind die Werbungskosten ebenfalls zu 100% abzugsfähig gewesen. Sofern die Überschussprognose negativ ausfiel, sind die Werbungskosten entsprechend nur anteilig absetzbar gewesen.

Fazit:

Bei der Vermietung an nahe Angehörige besteht für den Steuerpflichtigen ein gewisser Gestaltungsspielraum. Grundsätzlich ist eine verbilligte Vermietung an Angehörige möglich, ohne dass der Werbungskostenabzug gekürzt wird. Um hierbei aber kein steuerliches Risiko einzugehen, sollte im Zweifel der Rat eines steuerlichen Beraters eingeholt werden.

Hinweis:

Damit Mietverhältnisse zwischen nahen Angehörigen steuerlich anerkannt werden, müssen diese so gestaltet sein, dass sie dem sogenannten Fremdvergleich standhalten. Doch was bedeutet das konkret?

Zunächst einmal muss ein Mietverhältnis begründet werden durch Abschluss eines wirksamen Mietvertrags. Darüber hinaus muss dieser Vertrag auch tatsächlich durchgeführt werden, d.h. die im Mietvertrag getroffenen Vereinbarungen müssen auch tatsächlich eingehalten werden. Hierzu zählt unter anderem:

- dass die Miete in der vereinbarten Höhe auch tatsächlich gezahlt wird,
- dass die Miete regelmäßig, d.h. zu den vertraglich vereinbarten Zeitpunkten gezahlt wird und schließlich,
- dass die Miete angemessen hoch ist (mindestens 66% der ortsüblichen Miete).

Kapitel 7: Vorübergehender Leerstand

Vier Monate später sitzt Susi Sorglos erneut im Büro ihrer Steuerberaterin. Kurz vor dem geplanten Einzug ihrer Mutter in die neue Wohnung erlitt diese völlig unerwartet einen Schlaganfall. Da die Ärzte den Zeitraum für die notwendigen Reha-Maßnahmen auf voraussichtlich sechs Monate schätzten, hat Susi die Wohnung auch nicht anderweitig vermietet. Ihrer Mutter soll es schließlich nach der Reha an nichts fehlen. Die Wohnung befindet sich in derselben Straße wie Susis Appartment, sodass diese jederzeit nach ihrer Mutter sehen kann. Gerade jetzt kann sie die Wohnung nicht an einen fremden Dritten vermieten, auch, wenn das möglicherweise bedeutet, dass sie dann die ganzen Handwerkerkosten nicht absetzen kann, die in den vergangenen Monaten angefallen sind. Susi hatte extra für ihre Mutter eine neue Küche einbauen lassen, weil die Küche des Vorbesitzers schon deutliche Gebrauchsspuren gezeigt hatte. Allein die Küche hat am Ende fast 8.000,– EUR gekostet. Der Einbau hat zusätzlich fast 1.000,– EUR gekostet. Und dann muss Susi ja auch noch jeden Monat die Darlehenszinsen für den Kredit zahlen, den sie zur Finanzierung der Wohnung aufgenommen hat. Das alles ist eine große finanzielle Belastung, insbesondere, da noch keine Miete gezahlt wird. Susi möchte daher wissen, welche steuerlichen Möglichkeiten es gibt, um vielleicht einen Teil der Ausgaben absetzen zu können. Kann man überhaupt Kosten für eine Immobilie von der Steuer absetzen, obwohl noch keine Mieteinnahmen erzielt werden?

Die Steuerberaterin nickt mit dem Kopf. „Wieder einmal kann ich Sie beruhigen, Frau Sorglos. Auch, wenn Sie vorübergehend keine Mieteinnahmen haben, können Sie bereits Werbungskosten geltend machen. Das gilt sowohl für den Austausch der Küche als auch für die gezahlten Schuldzinsen. Darüber hinaus können Sie sogar bereits Abschreibungen geltend machen. Im Ergebnis werden sie dadurch einen Verlust aus Vermietung und Verpachtung erzielen und dadurch ihr zu versteuerndes Einkommen erheblich verringern können."
Susi Sorglos ist dennoch skeptisch: „Wirklich? Das wäre ja großartig! Aber ich weiß ja gar nicht, wann meine Mutter tatsächlich aus der Reha zurückkehren wird. Vielleicht dauert es ja

doch noch länger. Vielleicht möchte sie auch nicht gleich in eine neue Wohnung einziehen, wo sie mit den Gegebenheiten noch nicht vertraut ist. Vielleicht will sie erst noch eine Weile in ihrer alten Wohnung bleiben. Wie sieht es dann aus?"

Die Steuerberaterin fängt an zu erklären. „Ein vorübergehender Leerstand der Wohnung ist unschädlich, solange Sie immer noch eine Vermietungsabsicht haben und diese nachweisen können. Sollte die Wohnung jedoch über einen längeren Zeitraum leer stehen, dann wird das Finanzamt irgendwann entsprechende Nachweise darüber verlangen, dass eine Vermietungsabsicht immer noch besteht. Als längerer Zeitraum gilt hierbei ein Zeitraum von ungefähr 3 Jahren."

„Aber wie könnte man denn so etwas nachweisen?", möchte Susi wissen. „Das ist gar nicht so schwierig", erklärt die Steuerberaterin. „Die Vermietungsabsicht lässt sich beispielsweise wie folgt nachweisen:

- regelmäßige Inserate,
- Beauftragung eines Maklers damit, einen potenziellen Mieter zu finden,

- protokollierte Besichtigungstermine mit potenziellen Mietern oder auch
- direkte Kontaktaufnahme mit möglichen Wohnungsinteressenten.

Im Ergebnis müssten Sie sich dann intensiv um eine Fremdvermietung bemühen."

Mit dieser Aussage ist Susi zunächst zufrieden. Je länger sie über das Gesagte nachdenkt, desto mehr wird ihr klar, dass sich dadurch ganz ungeahnte Steuersparmöglichkeiten ergeben. Dabei fällt ihr ein, dass sie in wenigen Wochen eine sehr hohe Abfindung von ihrem bisherigen Arbeitgeber erhalten wird. Dadurch müsste sie wohl in diesem Jahr viel mehr Steuern zahlen als sonst. Ein Vermietungsverlust, mit dem sie die hohe Abfindung ausgleichen könnte, käme ihr da gerade recht. Sie beginnt daher, im Kopf schon einmal zu rechnen …

„Und wie genau funktioniert das jetzt mit der Küche?", möchte Susi Sorglos wissen.

„Sofern Sie eine Wohnung vermieten und im Rahmen Ihrer Vermietungstätigkeit die Küche erneuern lassen, können Sie

auch die Anschaffungskosten für die Küche berücksichtigen."
Susi reagiert verwirrt: „Der Begriff Anschaffungskosten klingt jetzt schon wieder so nach Abschreibungen. Bedeutet das, dass ich die Kosten für die Küche über mehrere Jahre verteilen muss? Gerade jetzt, wo meine Mutter ins Heim gekommen ist und ich so hohe Ausgaben in diesem Jahr hatte, wäre es mir lieb, wenn ich so viel wie möglich absetzen könnte. Außerdem werde ich in ein paar Wochen eine hohe Abfindung bekommen, auf die ich auch ohnehin sehr viel Steuern zahlen werde."

„Leider ist es so, wie sie vermuten. Die Kosten für die Erneuerung der Küche können nur im Wege der Abschreibungen berücksichtigt werden. Aufgrund eines Urteils des BFH vom 3. August 2016 gilt, dass die Kosten über einen Zeitraum von 10 Jahren abgeschrieben werden müssen.

Exkurs:

Bislang war es so, dass die Kosten für den Einbau einer neuen Spüle und eines neuen Herds sofort als Werbungskosten abgezogen werden konnten. Das gleiche galt für die Erneuerung von Elektrogeräten, deren Anschaffungskosten die von geringwertigen Wirtschaftsgütern nicht überstiegen (netto 410,– EUR). Infolge des neuen BFH-Urteils stellen Spüle und Herd keine unselbständigen Gebäudebestandteile mehr da. Danach sind die einzelnen Elemente einer Einbauküche ein eigenständiges und zudem einheitliches Wirtschaftsgut mit einer Nutzungsdauer von zehn Jahren. Die Anschaffungs- und Herstellungskosten sind daher nur im Wege der Abschreibungen steuerlich zu berücksichtigen.

Fazit:
Auch ein vorübergehender Leerstand einer Immobilie ist im Hinblick auf den Werbungskostenabzug nicht schädlich, sofern eine Vermietungsabsicht besteht und diese im Zweifel auch nachweisbar ist.

Hinweis:
Auch, wenn Sie Ihre Immobilie nicht vermieten sondern selbst bewohnen, können Sie die Kosten für den Einbau einer Küche steuerlich geltend machen. Das gilt explizit nur für die reinen Montagekosten. Da die Kosten für die Küche selbst steuerlich

nicht begünstigt sind, setzt ein steuerlicher Abzug voraus, dass die Montageleistung gesondert in einer Rechnung ausgewiesen wird und die Montage auch nicht in bar bezahlt wird.

Kapitel 8: Handwerkerleistungen bei Vermietung

Schon neun Monate später hat Susi Sorglos einen Mieter für ihre Wohnung gefunden. Susi konnte die Wohnung sogar für 850,– EUR warm vermieten, sodass sie noch etwas Geld übrig hat, um einen Teil der Heimkosten für ihre Mutter aufbringen zu können. Doch schon bald droht ein erster finanzieller Engpass, denn nur wenige Monate nach dem Einzug des neuen Mieters entdeckt dieser in der Küche ein Leck am Abflussrohr. Susi muss einen Handwerker damit beauftragen, das Leck zu beseitigen. Kurz danach entdeckt Susi, dass einer ihrer Blumenkübel im Wohnzimmer ihrer eigenen Wohnung ebenfalls ein Leck hat und schon seit einiger Zeit das Blumenwasser durch den Topf auf den Boden gesickert ist. Infolgedessen ist der Parkettfußboden an dieser Stelle komplett ruiniert. Neben dem Abfluss muss daher auch noch das Parkett abgeschliffen werden. Von der Versicherung wird der Schaden leider nicht erstattet. Am Ende erhält Susi Sorglos zwei Rechnungen: für die Reparatur des Abflusses eine Rechnung über 350,– EUR (Anteil Lohnkosten 290,– EUR), für das Abschleifen des Parkettfußbodens eine Rechnung über 1.980,– EUR (Anteil Lohnkosten 1.300,– EUR). Susi wollte ohnehin wissen, wie das mit den übernommenen Heimkosten für ihre Mutter ist. Daher ruft sie am nächsten Tag ihre Steuerberaterin an um zu fragen, wieviel sie denn nun von der Steuer wiederbekommen kann.

Die Steuerberaterin erklärt Susi Sorglos den Unterschied zwischen Handwerkerleistungen für die eigene Wohnung und Handwerkerleistungen für die vermietete Wohnung. „Im Fall des Blumenkübels können Sie nur die in im Rechnungsbetrag enthaltenen Lohnkosten steuerlich geltend machen, also 1.300,– EUR. Im Fall des Abflusses können Sie dagegen den vollen Rechnungsbetrag in Höhe von 350,– EUR als Werbungskosten berücksichtigen. Als Vermieter können Sie grundsätzlich sämtliche Erhaltungsaufwendungen steuerlich geltend machen."

Susi möchte noch mehr wissen. Ihr ist nämlich aufgefallen, dass das Laminat in der vermieteten Wohnung auch demnächst mal erneuert werden müsste. Um Kosten zu sparen, würde sie das gerne durch ihren Onkel erledigen lassen, der vor kurzem selbst in seiner eigenen Wohnung das Laminat neu verlegt hatte. Allerdings konnte er deshalb auch nichts davon in seiner Steuererklärung angeben. Dabei hat er fast 2.000,– EUR im Baumarkt ausgegeben.

„Hat er die Verlegungsarbeiten in der eigenen Wohnung durchgeführt oder hat er ebenfalls ein Vermietungsobjekt?", fragt die Steuerberaterin. „Ach so, Sie meinen, er konnte die Ausgaben nicht berücksichtigen, weil er selber in der Wohnung wohnt?" „Genau", antwortet die Steuerberaterin. „Wenn Sie als Vermieter in den Baumarkt fahren und neues Laminat kaufen, dann können Sie die Ausgaben in voller Höhe als Werbungskosten erklären. Das gilt jedoch nur, sofern die Renovierungsarbeiten tatsächlich in der vermieten Wohnung durchgeführt werden."

Zusammenfassung:

Im Unterschied zur Eigennutzung kann man im Fall der Vermietung nicht nur den im Rechnungsbetrag enthaltenen Lohnanteil als Werbungskosten absetzen, sondern auch die Kosten für das Material.

Hinweis:

Wenn man als Vermieter Handwerkerleistungen in Anspruch nimmt, ist besonders darauf zu achten, dass die Rechnung korrekt ausgestellt wird. Wenn als Rechnungsadresse nur die Adresse des Vermieters angegeben wird, obwohl die Leistungen in der vermieteten Immobilie erbracht wurden, dann wird es für den Steuerpflichtigen im Zweifel schwierig sein nachzuweisen, dass er die Leistungen als Vermieter in Anspruch genommen hat und ihm daher der volle Werbungskostenansatz zusteht. In der Rechnung sollte daher auch die Adresse des Vermietungsobjektes aufgenommen werden.

Kapitel 9: Größere Renovierungen bei Vermietung

Susi Sorglos hat inzwischen geheiratet. Doch die Probleme werden dadurch nicht weniger – im Gegenteil. Susis Mann Gregor hat vor zehn Jahren geerbt und sein Vermögen in ein Haus investiert, das er seit drei Jahren vermietet. Anders als bei seiner Frau Susi stehen ihm die größeren Reparaturen noch bevor. Da das Haus mittlerweile über 40 Jahre alt ist, müssen die Fenster dringend erneuert werden. Wenn er schon mal dabei ist, möchte Gregor auch gleich das Dach erneuern. Da die Mieter während der Sommerferien vereist sein werden, wäre der Zeitpunkt günstig, um die umfangreichen Arbeiten durchführen zu lassen.

Gregor hat sich bereits informiert. Als Vermieter sollte er keine Probleme haben, die Renovierungskosten steuerlich geltend machen zu können. Allerdings weiß er nicht genau, ob er die gesamten Kosten von immerhin über 30.000,– EUR komplett in einem Jahr absetzen kann. Er hat mal gelesen, dass in bestimmten Fällen die Ausgaben nicht komplett in einem Jahr absetzbar seien sondern nur über die jährlichen Abschreibungen berücksichtigt werden können. Dann wäre der Steuereffekt natürlich nicht ganz so hoch. Gregor macht daher einen Termin bei seiner Steuerberaterin.

Die Steuerberaterin weiß gleich, worauf Gregor hinaus will und kann ihn beruhigen. „Wenn die Ausgaben als sogenannte Erhaltungsaufwendungen qualifiziert werden, können sie im Jahr der Bezahlung in voller Höhe als Werbungskosten von der Steuer abgesetzt werden. Zählen die Kosten allerdings nicht zum Erhaltungsaufwand, sondern werden vom Finanzamt als sogenannte Herstellungsaufwände qualifiziert, können sie nur über die jährlichen Abschreibungen von der Steuer abgesetzt werden." „Aber wann kann man noch von Erhaltungsaufwand sprechen und wann fängt Herstellungsaufwand an?", möchte Gregor wissen. Wo ist da die Grenze?" Die Steuerberaterin erklärt ihm: „Von Erhaltungsaufwand spricht man immer dann, wenn Aufwendungen für die Erneuerung von bereits vorhandenen Teilen, Einrichtungen oder Anlagen getätigt werden. Wichtig ist in diesem Zusammenhang, dass die modernisierten oder neuen Gebäudeteile die Funktion der alten Teile in vergleichbarer Weise ersetzen. Die Verwendungs- oder Nutzungsmöglichkeit soll erhalten oder wiederhergestellt werden. So ist es auch bei den neuen Fenstern und dem neuen Dach. Die bisherigen Fenster werden nur durch neue Fenster ausgetauscht. Genauso ist es beim Dach. Die Funktion bleibt jeweils erhalten. Sie können daher die gesamten Ausgaben in voller Höhe in Ihrer nächsten Steuererklärung als Werbungskosten angeben." „Heißt das, ich muss die Ausgaben nicht im Wege der Gebäudeabschreibungen über mehrere Jahre verteilen?", fragt Gregor. „Nein, Sie müssen nicht. Sie haben allerdings ein Wahlrecht, die Ausgaben über 2–5 Jahre zu verteilen.

Hinweis:
Welche Vorgehensweise zu empfehlen ist, hängt von der persönlichen Einkommenssituation des Vermieters ab. Werden die Erhaltungsaufwendungen in einem Jahr getätigt, in dem das Einkommen ohnehin gering ist, und vielleicht ohnehin keine oder nur geringe Steuern zu zahlen sind, empfiehlt sich eine Verteilung der Ausgaben über 2–5 Jahre. Ist dagegen das Einkommen und damit die Steuerlast im Jahr der Ausgaben sehr hoch, empfiehlt es sich, möglichst viel der Ausgaben als Werbungskosten abzusetzen.

Abwandlung:
Gregor hat das Haus nicht geerbt sondern für 150.000,– EUR gekauft. Das Haus wird wie im Ausgangsfall vermietet, allerdings will er die Renovierungsarbeiten bereits im zweiten Jahr nach der Anschaffung durchführen lassen. Gregor möchte auch

in diesem Fall möglichst alle Ausgaben sofort steuerlich geltend machen. Hier sieht die Situation anders aus. Es gilt nämlich eine Besonderheit für Erhaltungsaufwendungen, die

- innerhalb von drei Jahren nach der Anschaffung durchgeführt werden und
- die 15% des Kaufpreises übersteigen.

In dem Fall können die Ausgaben nicht unmittelbar im gleichen Jahr abgesetzt werden. Stattdessen können die Ausgaben nur im Wege der Abschreibungen berücksichtigt werden. Das heißt, dass die Ausgaben zum Kaufpreis hinzugerechnet werden und über 50 Jahre abgeschrieben werden müssen (bei Fertigstellung nach dem 31. Dezember 1924). Die von Gregor getätigten Ausgaben in Höhe von 30.000,- EUR entsprechen einem Anteil an dem Kaufpreis (150.000,- EUR) von 20%. Da die Renovierung innerhalb der ersten drei Jahre nach dem Kauf erfolgte, kann Gregor die Ausgaben nicht in voller Höhe absetzen. Tatsächlich erhöhen sich die Werbungskosten lediglich um 2% von 30.000,- EUR = 600,- EUR.

Fazit:

Für Vermieter besteht im Fall von größeren Renovierungsarbeiten ein gewisser Gestaltungsspielraum. Gerade bei Renovierungsarbeiten innerhalb der ersten Jahre nach dem Erwerb der Immobilie ist jedoch vorher genau zu prüfen, welche steuerlichen Auswirkungen sich hieraus ergeben. Nicht immer ist der Abzug der kompletten Ausgaben in einem Jahr sinnvoll. Im Einzelfall kann sich auch eine Verteilung der Aufwendungen über mehrere Jahre lohnen. Hier sollte unter Umständen rechtzeitig steuerlicher Rat eingeholt werden.

Kapitel 10: Vermietung von Ferienwohnungen

Durch die Erkenntnisse der letzten Monate hat sich Susi Sorglos schlussendlich dazu entschieden, ihre neue Eigentumswohnung nicht dauerhaft, sondern nur gelegentlich an Feriengäste zu vermieten. Dadurch, dass die Wohnung nur gelegentlich vermietet werden soll, möchte sie ihre Mieteinnahmen so gering wie möglich halten. Im Gegenzug möchte sie natürlich sämtliche getätigten Ausgaben für die Wohnung als Werbungskosten absetzen. Auch kann sie sich so die Option sichern, die Wohnung doch noch ihrer Mutter zu überlassen, sofern es dieser gesundheitlich wieder besser geht. Ihre Freundin, die Tochter eines bekannten Immobilieninvestors, hat sie auf diese Idee gebracht. Mit der kurzfristigen Vermietung selbst gebauter Wohneinheiten hat dieser ein beachtliches Vermögen angehäuft. Immerhin hat ihr Wohnort den Status eines Kurortes, wodurch er vor allem in den Sommermonaten durch Tourismus geprägt ist. Eine Nutzung der Wohnung als Ferienwohnung erscheint Susi Sorglos daher als lohnenswert.

Allerdings ist sie sich nicht sicher, wie das mit dem Werbungskosten ist, wenn sie die Wohnung nicht durchgängig vermietet. Einerseits möchte sie ihre steuerpflichtigen Einnahmen so gering wie möglich halten. Andererseits möchte sie natürlich auch nicht, dass ihr am Ende das Finanzamt einen Strich durch die Rechnung macht und ihre Werbungskosten vielleicht nicht oder nicht in voller Höhe anerkennt. Um sich abzusichern, macht sie erneut einen Termin bei ihrer Steuerberaterin. Die bestätigt im Grunde das, was sie auch schon befürchtet hat.

Die Steuerberaterin erinnert Susi Sorglos an ihr Gespräch vor einigen Monaten, wo Susi aufgrund des vorübergehenden Leerstandes ihrer Wohnung bereits in Sorge war. „Ähnlich verhält es sich auch bei der vorübergehenden Vermietung Feriengäste. Letztendlich kommt es darauf an, dass für das Finanzamt eine Überschusserzielungsabsicht erkennbar ist.

Grundsätzlich werden bei der Vermietung von Ferienwohnungen folgende Fallkonstellationen unterschieden:

Ausschließliche Vermietung an Feriengäste:
Die Überschusserzielungsabsicht wird auch bei ausschließlicher Vermietung einer Ferienwohnung immer dann geprüft, wenn besondere Beweisanzeichen gegen das Vorliegen einer Überschusserzielungsabsicht sprechen:

- Die Anzahl der Vermietungstage liegt unter dem Durchschnitt der saisonalen Vermietungen am jeweiligen Ferienort.

- Trotz nachgewiesener Vermietungsbemühungen findet seit mehreren Jahren keine Vermietung statt.
- Auf Grund unterbliebener Vermietungsbemühungen sind längere Leerstandszeiten gegeben.
- Jahre mit ausschließlicher Vermietung und Jahre mit gelegentlicher Selbstnutzung wechseln sich ab.

Dabei gilt grundsätzlich folgende Faustformel:

Wenn im Fall ausschließlicher Vermietung an Feriengäste die Ferienwohnung an mindestens 75% der ortsüblichen Vermietungstage belegt ist, dann gilt die Überschusserzielungsabsicht als nachgewiesen.

Dann gilt, dass auch die Zeiten, in denen die Ferienimmobilie leer steht, zur Vermietung gerechnet werden, so dass alle steuerlich absetzbaren Aufwendungen als Werbungskosten aus Vermietung und Verpachtung berücksichtigt werden.

Wurde die Wohnung ausschließlich an Feriengäste vermietet, allerdings weniger als 75% der ortsüblichen Belegungstage, dann geht das Finanzamt nur dann von einer Überschusserzielungsabsicht aus, wenn einer der nachfolgenden Voraussetzungen erfüllt ist:

- Die Entscheidung über die Vermietung der Ferienwohnung wurde an einen unabhängigen Vermittler (überregionaler Reiseveranstalter, Kurverwaltung o.a.) übertragen und eine Eigennutzung der Ferienwohnung wurde vertraglich für das gesamte Jahr ausgeschlossen
- Die Ferienwohnung befindet sich im ansonsten selbst genutzten Zwei- oder Mehrfamilienhaus des Steuerpflichtigen oder in unmittelbarer Nähe zu seiner selbst genutzten Wohnung. Nur, wenn die selbst genutzte Wohnung die Möglichkeit zur Unterbringung von Gästen bietet, kann davon ausgegangen werden, dass der Steuerpflichtige die Ferienwohnung nicht selbst nutzt. Voraussetzung dafür ist wiederum, dass die selbst genutzte Wohnung nach Größe und Ausstattung den Wohnbedürfnissen des Steuerpflichtigen entspricht.

- Die Dauer der Vermietung der Ferienwohnung entspricht im Wesentlichen dem Durchschnitt der Vermietungen in der am Ferienort üblichen Saison.

Ist eine der Voraussetzungen erfüllt, dann können alle steuerlich absetzbaren Ausgaben als Werbungskosten abgesetzt werden. Das gilt auch für die Ausgaben, die während des Leerstands angefallen sind.

Teilweise Vermietung – teilweise Selbstnutzung:
Wird eine Ferienwohnung zeitweise vermietet und zeitweise selbst genutzt, ist dies ein Beweisanzeichen dafür, dass Aufwendungen im Zusammenhang mit der Ferienwohnung nicht ausschließlich durch die Vermietung begründet sind sondern in gewissem Umfang auch durch die private Nutzung. In diesen Fällen wird die Finanzverwaltung stets prüfen, ob eine Überschusserzielungsabsicht vorliegt. Dabei ist von Bedeutung, ob die Vermietung über einen beauftragten Vermittler oder in Eigenregie erfolgt.

Überschussprognose bei Vermietung über einen Vermittler:

Erfolgt die Vermietung der Ferienwohnung ausschließlich durch einen beauftragten Vermittler, so kommt es für die Zuordnung der Werbungskosten auf die vertragliche Vereinbarung mit dem Dienstleister an.
Wurde die Selbstnutzung der Ferienwohnung nur für einen bestimmten Zeitraum vorbehalten, dann wird die Zeit des Leerstands in voller Höhe der Vermietung zugerechnet.

Überschussprognose bei Vermietung in Eigenregie:

Erfolgt die Vermietung nicht über einen unabhängigen Vermittler sondern kümmert sich der Steuerpflichtige selbst um die Vermietung der Wohnung, dann kann der Steuerpflichtige auch jederzeit darüber entscheiden, wann die Wohnung selbst genutzt werden kann. Das hat zur Folge, dass grundsätzlich nicht alle Ausgaben als Werbungskosten abgezogen werden können, insbesondere dann nicht, wenn sie auf den Zeitraum der Selbstnutzung der Ferienwohnung entfallen. Im Ergebnis hat hier eine Aufteilung der Kosten zu erfolgen in Ausgaben für die Vermietungsdauer und Ausgaben für den Zeitraum der Selbstnutzung.

Kann der Steuerpflichtige nicht nachweisen, zu welchem Anteil die Wohnung selbst genutzt wurde, geht das Finanzamt davon aus, dass die Ferienwohnung zu 50% selbst genutzt wurde."

Susi Sorglos ist angesichts der Fülle von Informationen etwas verwirrt. „Wenn ich das alles jetzt richtig verstanden habe, dann kommt da eine Menge Papierkram auf mich zu. Was bedeutet das denn jetzt konkret für mich?"

Die Steuerberaterin versucht, das ganze nochmal zusammenzufassen und das für Susi Wesentliche herauszuarbeiten: „ Wenn ich Sie richtig verstanden habe, dann ist es nicht ihr Wunsch, die Wohnung ausschließlich an Feriengäste zu vermieten, denn Sie beabsichtigen, die Wohnung auch in gewissem Umfang selbst zu nutzen oder evtl. Ihrer Mutter zu überlassen." „Genau" antwortet Susi Sorglos. „In dem Fall", fährt die Steuerberaterin fort, kommt es auf die Prüfung der 75% nicht an, d.h. es spielt keine Rolle, ob die Wohnung an mindestens 75% der saisonal üblichen Belegungstage vermietet ist. Denn wenn Sie bereits im

Vorwege wissen, dass Sie die Ferienwohnung auch selbst nutzen wollen, dann wären die steuerlichen Folgen davon abhängig, ob Sie für die Vermietung einen Vermittler beauftragen oder ob Sie die Vermietung in Eigenregie übernehmen." „In Eigenregie heißt, ich müsste selber Anzeigen schalten, Fotos machen, die Belegungstermine koordinieren, etc., beginnt Susi sich auszumalen. „Andererseits weiß ich von dem Vater meiner Freundin, dass so eine Ferienvermittlung eine recht hohe Provision verlangt. Und ich habe doch ohnehin schon so hohe Ausgaben, sodass am Ende dann für mich vielleicht gar nichts übrig bleibt" schildert Susi ihre Bedenken. „Sie würden sich also vermutlich selbst um die Vermietung kümmern", fährt die Steuerberaterin fort. „Dann wäre es wichtig, dem Finanzamt die Belegungstage nachweisen zu können, für den Fall, dass Sie die Wohnung zu mehr als 50% als Ferienwohnung vermieten. „Was genau heißt das jetzt?" „Sofern Sie nicht nachweisen können, zu welchem Anteil Sie die Ferienwohnung selbst genutzt haben, geht das Finanzamt davon aus, dass Sie die Wohnung zu 50% selbst genutzt haben mit der Folge, dass 50% Ihrer Ausgaben nicht als Werbungsosten anerkannt werden. Im Umkehrschluss wären daher nur 50% der Ausgaben als Werbungskosten abzugsfähig. D.h. wenn Sie die Wohnung z.B. nicht zu 50% sondern nur zu 35% selbst nutzen, dann würde Ihnen ein Nachteil entstehen, wenn Sie die 35% nicht nachweisen können. Denn in dem Fall wären nicht nur 50% sondern 65% aller steuerlich relevanten Ausgaben als Werbungskosten absetzbar." „Ich verstehe ...", antwortet Susi Sorglos. „Ich denke, ich sollte mir das alles nochmal genau durch den Kopf gehen lassen. So einfach, wie ich mir das vorgestellt habe, ist das leider doch nicht."

Hinweis:

Der Selbstnutzung gleichgestellt ist auch die kostenlose Überlassung der Ferienwohnung an Dritte oder nahe Angehörige.

Aus der Vermietung von Ferienwohnungen können auch weitere steuerliche Verpflichtungen entstehen (u.a. Umsatzsteuer, Einnahmenüberschussrechnung), bei denen es sinnvoll ist, sich hierzu im Vorfeld steuerlich beraten zu lassen.

Kapitel 11: ABC der Werbungskosten bei Vermietung

Abschreibungen

Die Anschaffungs- oder Herstellungskosten eines Gebäudes sind nicht sofort, sondern nur im Wege der Abschreibungen (AfA) als Werbungskosten abzugsfähig. Die planmäßigen Abschreibungen betragen bei Gebäuden, die vor dem 1.1.1925 hergestellt wurden, 2,5%, ansonsten 2% der Anschaffungs- oder Herstellungskosten.

Bausparvertrag

Die Abschlussgebühren eines Bausparvertrags, der zur Ablösung eines Darlehens dient, mit dem der Kauf einer vermieteten Immobilie finanziert wurde, sind als Werbungskosten abziehbar.

Disagio

Ein Disagio oder Damnum ist im Jahr der Darlehensaufnahme in voller Höhe als Werbungskosten abzugsfähig, soweit es marktüblich ist. Als marktüblich gilt bei Darlehensverträgen in der Regel ein Betrag von max. 5% der Darlehenssumme.

Einbauküche

Ausgaben für die Spüle, den Herd und die Dunstabzugshaube zählen zu den Herstellungskosten des Gebäudes. Sie können daher nur im Wege der Gebäudeabschreibungen als Werbungskosten berücksichtigt werden.

Erbbaurecht

Der laufend gezahlte Erbbauzins ist bei Einkünften aus Vermietung und Verpachtung als Werbungskosten abzugsfähig.
Ist der Erbbauberechtigte wirtschaftlicher Eigentümer des auf dem Erbbaugrundstück errichteten Gebäudes, kann er die AfA geltend machen.
Erhaltungsaufwand liegt in der Regel dann vor, wenn

- die Wesensart des Gebäudes nicht verändert wird,
- das Grundstück lediglich in einem ordnungsgemäßen Zustand erhalten wird und

- die Aufwendungen regelmäßig in ungefähr gleicher Höhe wiederkehren.

Grundsätzlich sind sämtliche Aufwendungen zur Instandsetzung oder Instandhaltung des Gebäudes sofort als Werbungskosten abziehbar. Ob es sich stattdessen um Herstellungsaufwand handelt, der nicht sofort sondern nur im Wege jährlicher Abschreibungen absetzbar wäre, prüft die Finanzverwaltung grundsätzlich nicht nach, wenn je einzelne Maßnahme der Betrag von 4.000,- EUR netto nicht überschritten wird.

Erschließungsbeiträge
Erstmalige Erschließungskosten sind nachträgliche Anschaffungskosten des Grund und Bodens. Werden dagegen Erschließungsanlagen ersetzt oder modernisiert, führen dafür erhobene Erschließungsbeiträge zu Erhaltungsaufwand, also zu sofort abzugsfähigen Werbungskosten.

Fahrtkosten

Für jeden gefahrenen Kilometer zwischen der Wohnung und dem vermieten Objekt können 30 Cent als Werbungskosten berücksichtigt werden. Anlässe für solche Fahrten sind u.a. Fahrten zu Eigentümerversammlungen, Beaufsichtigung von Handwerkern oder Gespräche mit den Mietern.

Grundbuchgebühren

gehören zu den Anschaffungsnebenkosten. Sie sind daher nicht sofort abzugsfähig sondern nur im Rahmen der jährlichen Abschreibungen.

Grundsteuer

gehört zu den sofort abzugsfähigen Werbungskosten

Heizungsanlage

Die Kosten der erstmaligen Installation einer Heizungsanlage gehören zu den Herstellungskosten des Gebäudes und werden daher im Wege der jährlichen Gebäudeabschreibungen als Werbungskosten abgezogen. Dagegen sind Kosten für die Reparatur, Erneuerung oder den Austausch einer Heizungsanlage sofort abzugsfähige Werbungskosten.

Instandhaltungsrücklage

Zuführungen zur Instandhaltungsrücklage führen noch nicht zum Werbungskostenabzug. Erst die Verwendung der Rücklage für Erhaltungsmaßnahmen führt zum Werbungskostenabzug. Die Zinsen aus der Anlage der Instandhaltungsrücklage führen zu Einnahmen aus Kapitalvermögen.

Maklercourtage

Ist sie für den Erwerb des Grundstücks angefallen, zählt sie zu den Anschaffungsnebenkosten. Sie ist daher nicht sofort abzugsfähig sondern nur im Wege der jährlichen Abschreibungen.

Nießbrauch

Bei einem eingeräumten Nießbrauch erhält jemand Drittes (der Nießbraucher) ein Nutzungsrecht an einer Sache, in der Regel an einer Immobilie. Beispiel: Die Mutter überträgt eine vermietete Immobilie auf ihre beiden Söhne und behält sich dabei das

Nießbrauchrecht vor. Die Immobilie wird weiterhin vermietet. Durch das Nießbrauchrecht der Mutter sind die erzielten Mieteinnahmen dieser weiterhin steuerlich zuzurechnen. Die Brüder, als rechtliche Eigentümer der Immobilie, erzielen keine steuerlichen Einkünfte.

Notarkosten
Gebühren und Auslagenersatz des Notars für die Beurkundung eines Kaufvertrags gehören zu den Anschaffungskosten des Gebäudes und sind im Wege der jährlichen Abschreibungen absetzbar.

Schuldzinsen
Schuldzinsen sind als Werbungskosten bei den Vermietungseinkünften absetzbar. Voraussetzung ist, dass mit dem Darlehen der Kaufpreis für ein Vermietungsobjekt finanziert wurde. Selbiges gilt, wenn das Darlehen aufgenommen wurde, um größere Instandsetzungs- oder Modernisierungsmaßnahmen am Vermietungsobjekt durchführen zu können.

Verwaltungskosten

Zu den abziehbaren Werbungskosten gehören auch die Kosten für einen Hausmeister oder eine Hausverwaltung. Dagegen ist der Wert der eigenen Arbeitsleistung des Vermieters nicht als Werbungskosten absetzbar.

Vorfälligkeitsentschädigung

Die Vorfälligkeitsentschädigung für die vorzeitige Ablösung eines Darlehens im Rahmen einer Grundstücksveräußerung ist nicht als Werbungskosten bei den Vermietungseinkünften absetzbar.

Wohnrecht

Ein Wohnrecht ist eine Art Nießbrauch. Im Gegensatz zum Nießbrauch darf der Nutzungsberechtigte die Wohnung aber nicht vermieten, sondern nur selbst nutzen. Beim Nießbrauch dagegen darf die Wohnung auch vermietet werden, wodurch Einkünfte erzielt werden.

Zweitwohnungssteuer

Die vom Inhaber einer Ferienwohnung gezahlte Zweitwohnungssteuer ist mit dem auf die Vermietung der Wohnung an wechselnde Feriengäste entfallenden zeitlichen Anteil als Werbungskosten bei den Einkünften aus Vermietung und Verpachtung abziehbar.

Kapitel 12: Neue Fördermöglichkeiten für Vermieter

Anfang Februar 2016 hat das Bundeskabinett einen Gesetzesentwurf zur steuerlichen Förderung des Mietwohnungsneubaus auf den Weg gebracht. Darin heißt es:

„Mit dem vorliegenden Gesetzentwurf setzt die Bundesregierung ihr Ziel einer Förderung des Mietwohnungsneubaus in Gebieten mit angespannter Wohnungslage um. Hintergrund sind die gestiegene Wohnungsnachfrage, steigende Mieten und steigende Kaufpreise in den deutschen Ballungsgebieten und die damit verbundenen und immer größer werdenden Schwierigkeiten, eine bezahlbare Wohnung zu finden. Nur durch verstärkten Wohnungsneubau könne die Nachfrage, so der Gesetzentwurf der Bundesregierung, gedeckt werden.
Zugleich muss gewährleistet sein, dass Wohnraum weiterhin auch für mittlere und untere Einkommensgruppen bezahlbar bleibt. Die Maßnahme will Investoren dazu animieren, sich verstärkt im preiswerten (Miet-)Wohnungsneubau zu engagieren."

Mit der so geplanten steuerlichen Förderung sollen insbesondere Privatinvestoren zum Bau von preiswertem Wohnraum in besonders angespannten Gebieten angeregt werden. Dies soll über eine neu zu schaffende Sonderabschreibung geschehen.

Die geplante Sonderabschreibung soll im Jahr der Anschaffung oder Herstellung und im darauf folgenden Jahr bis zu 10 Prozent, im dritten Jahr bis zu 9 Prozent betragen. Allerdings sind dabei auch einschränkende Besonderheiten zu beachten.

So kann die Sonderabschreibung nur in Anspruch genommen werden, wenn die Anschaffungs- oder die Herstellungskosten der begünstigten Investitionen 3.000 Euro je Quadratmeter nicht übersteigen. So soll schon an dieser Stelle sichergestellt sein, dass keine hochpreisigen Objekte gefördert werden, sondern tatsächlich bezahlbarer Wohnraum errichtet wird.

Darüber hinaus sind die Anschaffungskosten bzw. die Herstellungskosten der Immobilie nur dann Bemessungsgrundlage für die Sonderabschreibung, wenn diese maximal 2.000 Euro je Quadratmeter Wohnfläche betragen. Im Ergebnis ist daher ein Objekt mit einem Quadratmeterpreis von 3.000 Euro noch förderungsfähig, Bemessungsgrundlage der Abschreibung sind dann jedoch maximal 2.000 Euro je Quadratmeter Wohnfläche. Eine Regelung, die sicherlich nicht gerade zur Steuervereinfachung beiträgt.

Auch wurde festgelegt, dass nur Immobilien gefördert werden, welche zu Wohnzwecken genutzt werden. Damit sind Gebäudeteile von der Förderung ausgeschlossen, die z.B. auch betrieblich genutzt werden. Gemeint sind hier Ladenlokale in einem Wohnhaus oder auch die Nutzung einer Einheit als Büro.

Zudem kommt die Sonderabschreibung nur in Betracht, wenn das Gebäude neu hergestellt oder als neues Gebäude gekauft wurde. Ein Gebäude ist zum Zeitpunkt der Anschaffung immer dann neu, wenn es bis zum Ende des Jahres der Fertigstellung angeschafft wurde. Insoweit hat der Gesetzgeber sicherstellen wollen, dass tatsächlich neuer Wohnraum geschaffen wird, jedoch auch angeregt, dass Bauträger die Immobilien herstellen können und Privatinvestoren diese dann bis zum Ende des Jahres der Fertigstellung kaufen können.

Die Regelung der neuen Sonderabschreibung ist auf Immobilien beschränkt, für die der Bauantrag in den Jahren 2016 bis Ende 2018 gestellt wird. Auch im Falle der Anschaffung eines neuen Gebäudes wird insoweit immer auf den Bauantrag abgestellt. Auf den Zeitpunkt der Fertigstellung kommt es für die Inanspruchnahme der Sonderabschreibung grundsätzlich nicht an. Jedoch ist dabei zu beachten, dass die Sonderabschreibung natürlich erst nach Fertigstellung bzw. Anschaffung in Anspruch genommen werden kann.

Unabhängig davon, dass der Bauantrag in den Jahren 2016 bis Ende 2018 gestellt werden muss, ist die Inanspruchnahme der Sonderabschreibung letztmalig im Jahr 2022 möglich.

Ebenfalls ist eine weitere Grundvoraussetzung, dass die über die Sonderabschreibung geförderten Gebäude mindestens zehn Jahre nach der Anschaffung oder Herstellung der entgeltlichen Überlassung zu Wohnzwecken dienen. Eine Umwidmung der Räumlichkeiten ist damit also ausgeschlossen.

Eine Besonderheit ist sicherlich darin zu sehen, dass die Sonderabschreibung nicht überall in der Bundesrepublik in Anspruch genommen werden kann. Vielmehr muss die geförderte Immobilie in einem Fördergebiet liegen. Was konkret als Fördergebiet gilt, wird aus Gründen der Verständlichkeit an dieser Stelle nicht erläutert.

Ziel der Maßnahme ist es, möglichst zeitnah Privatinvestoren zum Neubau von Mietwohnungen anzuregen, die dem sozialen Wohnungsmarkt insbesondere in Gebieten mit einer angespannten Finanzlage zur Verfügung stehen.

In der Praxis bleibt jedoch abzuwarten, wie Probleme zu handhaben sind, wenn beispielsweise die Baukostenobergrenze von 3.000 Euro je Quadratmeter geplant ist, jedoch aufgrund unvorhersehbarer Ereignisse auf einmal die Baukosten 3.001 Euro je Quadratmeter betragen.